QUELQUES MOTS

SUR

LES TENDANCES

DU TEMPS PRÉSENT

PARIS. — IMP. SIMON RAÇON ET COMP., RUE D'ERFURTH, 1.

QUELQUES MOTS

SUR LES

TENDANCES

DU

TEMPS PRÉSENT

PAR

LE MARQUIS DE DREUX-BRÉZÉ

PARIS
AUGUSTE VATON, LIBRAIRE-ÉDITEUR
50, RUE DU BAC, 50

1860

AVANT-PROPOS

Le monde nous offre en ce moment le spectacle le plus instructif peut-être et le plus douloureusement curieux.

Dans l'ordre des faits : l'incertitude nous enveloppe de toutes parts, l'imprévu déjoue chaque jour les calculs de l'expérience, l'autorité des événements semble s'accroître de tout ce qui manquerait à la justification de leurs causes.

Dans l'ordre des idées : le trouble, l'hésitation, les doutes sur l'avenir, les regrets, le découragement chez quelques-uns ; l'insouciance, le désir et le besoin immodéré des jouissances présentes chez le plus grand nombre, aveu d'une faiblesse qui se trahit par des signes divers selon la diversité des aspirations et des natures.

Nous succédons à un siècle qui, dans son orgueil, n'a pas craint de se donner le titre de siècle des lumières; la philosophie, représentée par les encyclopédistes, trouvait partout des adeptes et des admirateurs; non contente de diriger les peuples et de présider aux conseils des rois, elle aspirait à détrôner Dieu lui-même; la raison humaine posait les bases de son empire sur la satisfaction de l'amour-propre individuel. Aujourd'hui, après tant de succès et de triomphes et en présence d'un mouvement qu'elles ne dominent plus, la philosophie et la raison humaine poussent sans cesse ce cri si admirablement commenté par le comte de Maistre : « Je ne comprends plus. »

Ces murmures que la crainte inspire et cette

frayeur sont-ils en tous points justifiés? Les influences intimes auxquelles le monde obéit sont-elles aussi inexplicables qu'elles le paraissent à quelques-uns? Toute espérance est-elle perdue pour nous? Devons-nous, dans cette disposition des esprits et des cœurs, reconnaître une conscience trop exacte de l'avenir qui nous est réservé; ou plutôt, l'histoire en main, ne nous serait-il pas permis de ne voir dans cet ébranlement général que la manifestation d'une tendance nouvelle; tendance à saper dans sa base toute croyance au surnaturel et à chercher dans des causes naturelles l'explication des mystères que nous présente l'étude des temps présents?

L'histoire, éclairée au flambeau de la révélation, et telle qu'elle nous a été léguée par nos grands maîtres, n'est que le majestueux tableau de la marche régulière de l'humanité.

Le genre humain cède alternativement à un double mouvement de fractionnement et d'expansion, et, selon qu'il obéit davantage à l'un ou à l'autre des courants qui l'entraînent, le monde passe de la vie de l'individualisme national à la vie de mélange et de fusion des peuples entre eux.

Dieu abandonne-t-il plus l'homme à lui-même, par une permission de la Providence, l'action de la volonté de l'homme sur son existence sociale semble-t-elle plus directe; les liens de l'individualisme national se resserrent et le fractionnement de l'humanité s'opère sous l'influence de la diversité des besoins et des intérêts des peuples.

Au contraire, et par suite de sa miséricordieuse sollicitude pour le monde, Dieu veut-il l'arracher à des sentiers trop humains et le faire entrer dans la voie plus large d'un progrès chrétien; les barrières qui eussent pu s'opposer à la réalisation des desseins de la Providence s'abaissent d'elles-mêmes; les nations se rapprochent les unes des autres; sous des formes, en des mesures diverses, l'unité du monde reparaît.

L'esprit moderne se refuse à reconnaître cette double action de l'autorité de Dieu et de l'indépendance de l'homme sur la vie des peuples; il croit sa grandeur intéressée à l'anéantissement de ce qui le domine, sa supériorité à la négation de tout ce qu'il n'explique point. Au lieu de se rattacher par la tradition aux temps qui ne sont plus, et de chercher ses consolations dans l'humble adoration de la main qui nous guide sans nous asservir, le rationalisme se plaît à proclamer un antagonisme absolu entre le passé et le présent, et à isoler l'homme dans l'omnipotence qu'il lui prête sur sa propre destinée.

De là, par une conséquence inévitable, ces examens sans but et sans terme de faits, dont le sens se dérobe derrière les replis du voile que l'on jette sur leur origine; ces théories philosophiques ou sociales, ces systèmes et ces doctrines ennemis assez puissants pour se combattre, trop faibles pour édifier; en un mot, ces perplexités qui dérobent aux regards du plus grand nombre les horizons élevés qui ne s'ouvrent que devant l'humilité de la foi et la recherche de l'œuvre de Dieu dans le travail de l'humanité sur elle-même.

Aussi, pour répondre aux questions que nous nous posions tout à l'heure, et avant de revenir à l'objet plus spécial de cette étude, nous demanderons à la tradition chrétienne si les divers courants qui entraînent aujourd'hui l'humanité et la direction commune qu'ils lui impriment ne doivent point être envisagés comme le présage d'une union plus intime des peuples dans un progrès chrétien. Cet enseignement ne nous fera point défaut; si la vérité s'est vue souvent trahie, elle a possédé d'illustres interprètes, et, dans le cours des siècles, leurs plumes ont tracé ces lignes qui, comme ces sentiers creusés dans le désert par les générations antérieures pour guider les générations qui leur succèdent, dirigent l'humanité dans sa marche et lui indiquent, au milieu des dangers de la route, les buts principaux vers lesquels elle doit tendre pour arriver à l'accomplissement de sa mission.

QUELQUES MOTS

SUR

LES TENDANCES

DU TEMPS PRÉSENT

I

La famille, la nation, l'humanité : tels sont les trois degrés de l'unité sociale. La vie de l'homme, la vie des peuples, la vie de l'humanité, sont un long enchaînement de transformations successives. Seulement, tandis que chez l'homme ces transformations sont plus fréquentes, et trouvent, dans sa personnalité individuelle, les nuances si variées de leur caractère; chez les nations et dans l'humanité, ces transformations se présentent dans l'ordre d'une succession moins rapide.

Les phases successives de la vie de l'individualisme national et de la vie de rapprochement et de fusion des peuples entre eux s'offrent à notre examen identiques souvent dans leurs causes et dans leurs fins, différentes dans les modes extérieurs de leur manifestation. Durant les diverses périodes de l'individualisme national, chaque peuple, renfermé d'abord derrière les frontières que ses succès lui ont acquises, que ses défaites lui ont encore laissées, se replie sur lui-même pour panser ses blessures, assurer ses conquêtes et réaliser l'œuvre de son organisation intérieure. Il a son culte, son pouvoir, ses intérêts, ses rivalités distincts. Bientôt, sous l'influence de la religion qu'il professe, du climat sous lequel il vit, selon que la richesse ou que la misère est son partage, que la population manque à son territoire ou le territoire à sa population, ce peuple revêt un caractère qui le distingue au milieu du groupe des autres nations. Lorsque enfin, par suite de ces victoires sur eux-mêmes, ces peuples voient pour la plupart leur rôle grandir, leur influence s'étendre au delà des limites de leur territoire, ils apportent dans cette nouvelle phase de leur existence ce sentiment de personnalité qui fut leur lien lors de leur formation. Ils ne cherchent pas une action générale pour un progrès commun; ils préfèrent une voie libre pour leur suprématie. et cette voie, ils se l'ouvrent avec l'arme dans le maniement de laquelle ils croient reconnaître leur supériorité.

Guerriers, marins, commerçants, industriels ou artistes, ils demandent la manifestation de leur puissance politique ou intellectuelle; celui-ci à des conquêtes et à des alliances; celui-là à ses richesses, à ses vaisseaux, à ses comptoirs; tel autre au prestige de ses idées, à la magnificence des travaux de ses artistes et de ses savants.

Ainsi, travail des peuples sur eux-mêmes à leur naissance, puis, par la lutte, travail de ces peuples les uns sur les autres, tentatives de prédominance exclusive dans un intérêt personnel, efforts pour échapper à une absorption redoutée : voilà les traits distinctifs de ces époques d'individualisme national, où l'action de Dieu semble s'effacer davantage pour laisser plus de place à l'indépendance de l'homme.

Cette vie de fractionnement et de particularisme (que l'on nous pardonne cette expression) avait, avec ses grandeurs, ses dangers pour l'humanité; si le sentiment qui fait sa force a donné en même temps naissance à cette vertu si souvent glorifiée, le patriotisme; s'il a inspiré dans tous les temps d'illustres dévouements, suscité tant de brillants génies qui trouvèrent en lui toute la puissance d'un levier et toute la hauteur d'un piédestal, il détournait l'homme de la pensée de Dieu et ne lui montrait, dans la succession des événements, que le résultat calculé de ses hardiesses et de ses méditations. Tout en respectant notre liberté, Dieu ne veut point permettre cette justification de notre orgueil. S'il laisse, pendant des générations entières, sur les événements une prépondérance extérieure à la personnalité humaine, il apparaît ensuite, pour ainsi dire, plus omnipotent sur la scène du monde, et, soit qu'il vivifie une société menacée de dissolution, soit qu'il la châtie en la purifiant, l'orgueil vaincu s'étonne ou s'irrite, le fidèle trouve même au milieu des souffrances, dans la conscience de l'action divine, une espérance et une consolation.

Cette intervention souveraine, Dieu l'a voulue quelquefois directe et soudaine; le plus souvent, par une compatissante condescendance pour la faiblesse de sa créature, il se plaît à la préparer, afin que, perdant toute la rigueur d'un coup qui accable, elle conserve toute la valeur d'une leçon qui instruit.

Pendant que la plupart des nations, s'abandonnant à leur sagesse ou à leur folie, croient ne devoir compte qu'à elles-mêmes de leurs actes, Dieu, selon les temps, se réserve un homme, une famille, un peuple : il les choisit pour une de ces missions éclatantes que lui seul peut donner et dont seul il assure le succès; il les conduit visiblement lui-même; tout obstacle s'abaisse devant eux comme devant les représentants de la volonté du Tout-Puissant; ou bien encore, Dieu jette, par intervalles, au sein des États les plus divisés par l'ancienneté de leurs luttes et l'antagonisme de leur existence, les germes d'un sentiment, d'une pensée, d'un besoin communs. Sans effrayer les intérêts qu'ils sont destinés à dominer, ce sentiment, cette pensée, ce besoin conquièrent chaque jour une place plus considérable dans les esprits et dans les mœurs; ils ont à lutter, ils luttent en silence : toujours présents sans se déclarer tout de suite, ils trouvent des auxiliaires là où ils n'eussent dû attendre naturellement que des ennemis : on les rencontre partout sans qu'ils aient des traits particuliers, jusqu'à ce qu'enfin, joignant la valeur de leur principe au nombre et à la diversité de leurs appuis, ils acquièrent cette puissance à l'aide de laquelle ils entraînent dans un même courant les peuples qu'ils ont soumis à leur empire et ceux qui eussent le plus cherché à s'y dérober; semblables à ces fleuves majestueux, presque inconnus à leur source ou si resserrés entre leurs rives, que le pas d'un enfant les peut franchir, et qui, creusant plus profondément leurs lits à mesure qu'ils avancent, recueillent les eaux d'autres fleuves auxquels ils donnent, en échange de leur indépendance et de leurs noms, une part dans leur œuvre générale de richesse et de fertilisation.

Seulement, soit que Dieu fasse choix d'un peuple ou d'un homme, soit qu'il dérobe sa main sous l'influence croissante d'une tendance commune, il proportionne la grandeur des instruments dont il daigne se servir et l'impérieuse nécessité des instincts qu'il laisse se développer, à l'importance du but qu'il se propose : il les abandonne ensuite ou permet qu'ils disparaissent, et le monde rentre dans les voies ouvertes à sa liberté.

II

Ainsi, pour ne pas monter trop haut dans la série des âges et demander en même temps à l'histoire le plus frappant exemple de l'action divine sur le monde : « Dieu, qui avait résolu, dit » Bossuet, de rassembler dans ce même temps le » peuple nouveau de toutes les nations, a pre» mièrement réuni les terres et les mers sous le » même empire. Le commerce de tant de peuples » divers, autrefois étrangers les uns aux autres » et depuis réunis sous la domination romaine, a » été un des plus puissants moyens dont la Pro» vidence se soit servie pour donner cours à l'É» vangile. »

La bonne nouvelle est annoncée à toute la terre. L'Empire, par la bouche de Constantin, a reconnu le triomphe de la Croix : le dessein de Dieu se trouve accompli ; la faiblesse des mains destinées à maintenir l'unité du pouvoir politique révèle assez que désormais, dans les vues de la Providence, la soumission de toutes les nations à un même sceptre a cessé d'être nécessaire.

Le joug est brisé; des hordes barbares, venues des extrémités de l'Orient et des régions septentrionales de l'Europe, envahissent de toutes parts et voient tomber sous leurs coups cet empire dont la chute fut aussi merveilleuse que la grandeur. La victoire modifie avec leurs mœurs les goûts des vainqueurs : arrivés sous de plus doux climats, fatigués d'une existence qui n'est qu'une suite non interrompue de combats, ils substituent à une vie nomade une vie plus calme; à leurs possessions d'un jour, des biens qu'ils rendent peu à peu héréditaires. Leurs chefs ne restent pas seulement des guerriers prêts à marcher à leur tête, ils s'instituent législateurs, et, après avoir partagé avec leurs compagnons les fruits de leurs succès, ils jettent avec leur concours les premières bases d'une organisation politique.

Durant les siècles de l'absorption du monde par l'omnipotence de Rome, le sentiment de l'individualisme, effacé presque partout, s'était vu relégué dans la tribu et aux limites de la civilisation. Il reparaît avec toute l'énergie d'un désir longtemps comprimé : les forces à l'aide desquelles il veut se faire jour sont cependant encore trop incertaines : il lui faut, avant d'arriver à sa complète manifestation, créer des unités qui ressortent au milieu du chaos général : aussi, dans les premiers siècles de l'ère chrétienne, conserve-t-il le double caractère d'élément centralisateur et d'élément diviseur : il groupe les individus, nationalise les races et inspire à chaque peuple, avec l'amour et l'orgueil de son existence personnelle, le désir et la recherche de son isolement. Ainsi vit-on les Francs s'établir et se cantonner dans les Gaules, les Saxons dans l'Armorique, les Goths dans l'Espagne et les Lombards dans l'Italie. La situation de l'Europe à cette époque, les solitudes créées par les ravages de la guerre, les rares et difficiles communications, tout contribue à

maintenir le monde dans cet état de fractionnement, et l'histoire de ces temps nous retrace la longue série des luttes d'une recomposition intérieure. A peine si l'on saisit dans le tableau de la vie d'une nation les reflets d'une action étrangère, et les guerres, qui ne méritent que le titre d'excursions rapides, n'ont d'autre motif que la défense et la délimitation d'une frontière.

Des tentatives partielles de reconstitution succédaient donc, sur presque tous les points de l'Occident, à l'une des plus épouvantables crises que notre continent ait traversées : c'était l'ordre après la tempête; l'ordre, seulement à la surface. Le pouvoir s'était imposé par la violence, l'obéissance ne se maintenait que par la terreur. Entre les gouvernants et les gouvernés manquait un lien, le seul qui rende l'autorité bienfaisante et la soumission facile, le lien religieux. Chez les peuples que tant de circonstances tenaient désunis, s'était éteint ce sentiment de fraternité chrétienne qui crée les devoirs et les adoucit : la vie intérieure des nations demandait une autorité médiatrice; leur vie extérieure une autorité toute de conciliation et de paix.

Jésus-Christ avait jeté le premier fondement de cette autorité à côté des trônes de la terre; il avait légué au monde l'expression vivante de cette influence civilisatrice. Fidèle à sa mission, et quoique abandonnée à ses propres ressources, la Papauté poursuivait son œuvre : courageuse, elle faisait entendre ses paternels conseils; mais, entravée par des passions hostiles, si elle excitait l'admiration tacite du plus grand nombre, il manquait à sa suprématie morale l'hommage solennel d'une reconnaissance publique.

III

Le progrès du monde et son triomphe sur la barbarie étaient au prix de l'alliance du pouvoir temporel et de la puissance spirituelle. Cette alliance ne pouvait être le résultat de contrats particuliers et successifs : elle demandait pour interprète un prince qui, après avoir brisé avec son épée les barrières créées par l'égoïsme, fût assez puissant pour parler au nom des peuples assujettis à sa volonté, assez chrétien pour incliner cette épée devant la Croix, mettre ses lois sous l'égide de la religion et proclamer, du faîte de sa gloire, sa soumission filiale au Chef visible de l'Église.

Charlemagne paraît, « cet homme si grand, » dit le comte de Maistre, « que la grandeur a pénétré » son nom et que le genre humain l'a proclamé » Grandeur au lieu de Grand : » cinquante-trois expéditions militaires, qu'il commande presque toutes, réunissent de nouveau sous son sceptre les contrées restées les plus étrangères les unes aux autres. Un jour, dans le cours de ses victoires et à l'une des limites de son empire, entouré de son armée composée de différentes nations, il apprend l'arrivée de Léon III fugitif et venant implorer sa protection : il s'avance à sa rencontre, s'agenouille devant le Souverain Pontife qui le bénit, et apprend ainsi, par son exemple, à ces multitudes venues de tous les points de l'Occident, qu'il est une puissance au-dessus de toutes les puissances de la terre, et qu'elle ne mérite jamais tant de respects que lorsqu'elle paraît humainement plus atteinte.

Le moyen âge s'inaugurait : le cœur du chrétien était satisfait, la raison du souverain demandait davantage. Pour résister aux attaques de ses ennemis et au danger d'une pression directe, l'autorité spirituelle des papes avait besoin de trouver un appui dans les conditions d'une indépendance temporelle que tous eussent intérêt à faire respecter. Charlemagne vient à Rome ; il constitue l'œuvre inachevée des siècles et remet entre les mains du successeur de saint Pierre le sceptre des rois à côté de la houlette du Pasteur. Le Souverain Pontife reconnaît en lui l'homme de la droite de Dieu, le fait empereur et dépose sur sa tête une couronne qu'il ne demande pas.

L'alliance du sacerdoce et de l'empire est

consacrée; l'avenir s'ouvre dans des conditions nouvelles. Charlemagne peut disparaître et l'unité de son empire avec lui; car, si parfois la main d'un seul est nécessaire pour jeter la semence dans le champ du monde, Dieu permet que plus d'une main, et chaque main dans sa mesure, la fasse fructifier.

Détachées du faisceau formé par Charlemagne, les nationalités revivent : les peuples rentrent dans leur existence individuelle. Leur travail intérieur recommence avec les éléments d'une vigueur qui leur avait fait défaut et sur des bases plus larges. Les nuances des tribus s'effacent devant les traits plus marqués des races auxquelles elles appartiennent; les divisions entre les vainqueurs et les vaincus, devant des intérêts communs; de plus puissants États se constituent; le Pape exerce plus librement cette haute magistrature qui, loin de paraître alors un danger, semblait un appui pour les uns, une défense pour les autres, un secours et une justice pour tous.

La barbarie avait reculé d'un pas : il lui restait cependant des armes avec lesquelles elle s'opposerait encore longtemps aux progrès de l'humanité : ces armes, elle les trouvait dans ces jalousies, ces ambitions particulières, ces rivalités de voisinage dont ne retentit que trop souvent l'histoire de ces temps.

IV

Un sentiment implanté dans le monde par le catholicisme, et, malgré tant d'obstacles, conservé par la papauté, le sentiment de la foi, pouvait seul rétablir une harmonie que la force est inhabile à constituer ; une seule bannière pouvait rassembler derrière elle les membres divisés de la société européenne : cette bannière était la bannière de la Croix. L'Église, dans sa vigilante sollicitude, l'a compris. Les Souverains Pontifes arborent ce noble étendard et présentent, au milieu de tant d'intérêts divers, à ces peuples que le matérialisme n'avait pas encore courbés vers la terre, un intérêt surnaturel; au-dessus de leurs passions humaines, une passion divine.

Au cri de *Dieu le veut*, les rois et les peuples oublient leurs jalousies et leurs haines; ils retrouvent des compagnons d'armes dans ceux qu'ils considéraient comme des ennemis; sur des plages lointaines et, près les unes des autres, viennent briller les couleurs de toutes les nationalités. L'unité de la chrétienté agissant sous une même inspiration semble un moment reconstituée, et avec elle renaît la fraternité des peuples qui n'a pour fondements réellement solides que ceux cimentés par la religion.

L'Église avait sauvé la chrétienté, ouvert de vastes régions à son activité, présenté un but généreux à ses efforts; elle lui avait montré que, pour son bien-être comme pour sa gloire, existaient, en dehors des préoccupations ordinaires de sa pensée, des intérêts plus sérieux à défendre. Le monde le comprendra-t-il? Tout en conservant les divisions nationales utiles à son existence, consentira-t-il à chercher longtemps le progrès dans l'apaisement des haines et dans le rapprochement des cœurs et des esprits? Ce serait trop exiger de lui.

Au sortir des Croisades, l'esprit d'individualisme national reparaît; bien plus, il cherche dans les immenses résultats obtenus par l'influence d'une pensée chrétienne, un élément de glorification pour une pensée purement humaine: et, s'il ne trouve plus devant lui ces querelles intestines qui arrêtaient les nations dans la manifestation extérieure de leur puissance, il demande à d'autres passions ces luttes parfois pacifiques, trop souvent sanglantes, qui restent le besoin le plus impérieux de sa vie.

Sur ces champs de bataille où ils guerroyaient côte à côte, dans ces longues pérégrinations à travers l'Europe, les peuples se sont révélés les uns aux autres; ils ont appris à discerner les questions qui les devaient diviser, les liens qui les devaient unir; ils ont reconnu par avance ces campagnes devenues célèbres, où ils combattront d'autres combats pour conquérir une autorité qui plaît à leur orgueil. Ils entrent alors dans l'ère de la politique proprement dite. La suprématie européenne devient le grand mobile des gouvernements, durant cette longue et mémorable période qui commence avec le quatorzième siècle pour se terminer avec les premiers jours de la Révolution française. Chaque peuple entre dans la lice avec ses intérêts, ses souvenirs, sa gloire; des souverains comme François Ier, Henri IV et Louis XIV en France, Charles-Quint et Philippe II en Espagne, Henri VIII et Élisabeth en Angleterre, Pierre le Grand et Catherine II en Russie, Marie-Thérèse en Autriche, Frédéric II en Prusse, montent sur les trônes; de brillants génies apparaissent par intervalles dans les conseils des princes : ils donnent bien, il est vrai, leur empreinte aux événements qu'ils préparent ou qu'ils dirigent : ils sont cependant plus entraînés par les traditions nationales qui les dominent et qui leur survivent, qu'ils n'entraînent dans leur orbite les peuples soumis à leur autorité.

V

La prépondérance de l'intérêt politique ne devait toutefois se fonder que sur les ruines de la pensée chrétienne : au premier il faut l'individualisme et le fractionnement, à la seconde l'unité et la solidarité; l'intérêt politique, s'il inspire une grande nation, ne voit son triomphe que dans l'asservissement des autres ; s'il guide des nations plus faibles, il ne veut la liberté de toutes que dans la pondération des forces et un équilibre habilement constitué. La pensée chrétienne demande le triomphe de son action civilisatrice au concours de tous, et ne sépare point la liberté des peuples de leur soumission volontaire à un pouvoir modérateur plus élevé. A mesure donc que l'esprit politique grandit et se développe, la pensée chrétienne s'affaiblit et s'éclipse. Nous ne prétendons pas dire qu'il n'y eût plus de foi dans les cœurs; l'histoire entière et surtout l'histoire de la Fille aînée de l'Église seraient là pour nous démentir; néanmoins, durant ces siècles, la politique des gouvernements perd toujours davantage de ce caractère chrétien qui lui appartient; elle revêt un caractère plus humain : les questions religieuses trouvent encore leur place dans les conseils des souverains; mais près d'elles et au-dessus d'elles se font jour, pour dominer ensuite, d'autres questions où l'amour-prore et l'ambition nationale occupent un rang très-marqué. La vérité et l'erreur ne posent plus toujours leurs tentes sur deux rives opposées; elles s'unissent, et leur alliance, pour être plus fragile et moins expliquée, au point de vue de la grande mission de la société catholique, n'en semble que plus savamment combinée par la sagesse de l'homme, dans un intérêt d'agrandissement ou de défense.

Nous ne nous arrêterons pas plus longtemps ici sur ces temps déjà loin de nous, et dont nous nous trouvons séparés moins encore par le nombre des générations que par la distance des idées : nous aurons peut-être occasion d'y revenir. Nous n'avons voulu qu'indiquer les traits principaux et demander à cette manifestation éclatante de l'esprit politique dans les événements de ce monde, une preuve de plus du retour successif, dans l'existence des peuples, de ces périodes de particularisme et de vie commune qui forment les grandes époques de l'existence de l'humanité.

Les enseignements qu'apporte avec elle l'étude des siècles passés ne sauraient être rejetés par ceux qui cherchent à saisir le véritable sens des événements contemporains.

Si donc nous retrouvons dans l'Europe moderne ces alternatives déjà signalées; si, après une existence d'individualisme, nous rencontrons une époque de transition ; si, durant ces années d'angoisses et de luttes, nous voyons naître, grandir, se développer une pensée, un besoin communs à tous, bien que ne recevant pas de tous la même expression ; si la direction donnée à la satisfaction des intérêts matériels, comme la marche tracée au courant intellectuel, nous rapprochent l'une et l'autre de la réalisation de cette pensée; si les tendances de la société actuelle peuvent se résumer en un mot ou une idée, comme d'autres fois son existence s'est résumée dans un homme ou dans un peuple, ne nous sera-t-il pas permis alors de croire et de dire qu'au lieu de vivre d'une de ces vies où rien ne s'explique nous poursuivons, avec des incidents nouveaux, la marche régulière de l'humanité? L'histoire contemporaine ne deviendra-t-elle pas une page de plus dans le grand livre où sont inscrits tour à tour, en lettres d'or ou en lettres de feu, les décrets de la Providence ?

VI

Pour tout observateur qui veut jeter un coup d'œil sur notre temps, il est une date qui attire nécessairement son attention : cette date est celle de 1789. Aussi nulle époque n'a-t-elle été plus souvent et plus diversement appréciée : condamnée par les uns comme la clôture d'une période de gloire et de grandeur, comme l'origine des bouleversements politiques, des modifications sociales dont le terme est encore inaperçu, elle est proclamée par les autres la rénovation d'une société en décadence et le prélude d'une ère de progrès et de liberté.

De quelque côté, dans cette grave et solennelle discussion, que se trouve la vérité, nous nous contenterons de chercher la valeur de cette date sur les événements de ce monde, son importance et son rôle dans le double mouvement de fractionnement et d'expansion auquel est soumise la marche de l'humanité : nous n'établirons pas la balance de ses droits à la reconnaissance ou aux reproches des générations qui lui succèdent.

Au moment où éclata la Révolution française, jamais les liens de l'association européenne n'avaient été plus relâchés ni brisés en plus d'endroits. Divisé contre lui-même, l'Occident offrait le spectacle d'une vaste arène où les amours-propres nationaux, les ambitions territoriales et, nous le reconnaissons volontiers, les intérêts particuliers des États, les traditions des peuples, tels que l'opinion les comprenait alors, se rencontraient sans cesse pour se combattre, affermir leur empire, faire respecter leurs droits. L'histoire retentit des luttes suscitées par l'animosité réciproque de la France et de l'Angleterre, des campagnes de la Russie et de l'Autriche contre la Porte Ottomane, des querelles de la maison de Hapsbourg et des Pays-Bas, du dissentiment de presque tous les cabinets pour le partage de la Pologne.

Cette situation n'était point nouvelle; il semble même que l'on pourrait avancer quelle était la conséquence logique et nécessaire de la prédominance de l'élément politique dans les conseils et les vues des empires.

Après avoir rendu aux souverains de l'Europe ou à leurs ministres, en puissance et en autorité, tout ce que leur génie lui avait donné de gloire et de prestige, l'intérêt politique, si souvent désigné sous le nom de Raison d'État, recevait par les traités de Westphalie, un siècle et demi avant la grande époque dont nous nous occupons, sa consécration officielle et publique.

A partir de cette année 1648, restée fameuse plus encore par la reconnaissance d'une nouvelle classification dans la hiérarchie des intérêts et des droits, que par les délimitations fixées à certains États, les mobiles politiques acquièrent dans les relations internationales une influence prépondérante.

Contre cette influence, l'Église chercha seule à opposer le frein de son autorité, et ce ne serait

pas une des histoires les moins curieuses et les moins instructives de ces temps, que celle des protestations du Saint-Siége, effrayé de la voie dans laquelle le monde était entré. Considérées alors comme le résultat de vaines terreurs, comme inspirées par le besoin d'une suprématie religieuse, ces protestations possèdent aujourd'hui la valeur qu'apporte avec soi l'accomplissement des faits : en les parcourant, on croit lire non pas des avertissements contre l'avenir, mais une relation du passé.

Pour être demeurée sourde aux plaintes et aux conseils de l'Église, l'Europe ne connut que plus cruellement les conséquences d'une telle situation ; et de l'excès même des préoccupations politiques est née l'impuissance des gouvernements, en face de la tempête révolutionnaire qui les devait renverser.

VII

Son antagonisme contre tout ce qui l'a précédée impose, dès les premiers jours, à la Révolution française un double caractère : elle devient un élément de division dans la vie intérieure des peuples, un élément d'assimilation, de réunion dans leur vie extérieure. Durant la période précédente, s'appuyant sur les rapports de races et de langage, sur la conformation du sol, sur les délimitations naturelles des États, l'esprit politique proprement dit avait divisé l'humanité par zones territoriales, éveillé, nourri le sentiment exclusif de la nationalité; il avait cherché dans le développement de ce sentiment, avec une force morale pour la défense des frontières qu'il créait, un auxiliaire énergique pour la reconnaissance de son autorité.

La Révolution française détruit le travail des siècles, plane au-dessus des frontières comme au-dessus des calculs humains; et, presque à sa naissance, substitue dans le partage du monde, à la division extérieure par zones territoriales, la distinction intérieure par couches sociales : non que nous entendions uniquement ces couches formées par les différences de position et de fortune : nous avons en vue ces couches moins palpables peut-être, aussi réelles cependant, et qui renferment, comme en des superpositions diverses, ici les intérêts, les besoins ; ailleurs les idées, les aspirations de l'humanité. En un mot, et pour nous mieux faire comprendre, tandis que l'esprit politique s'attachait à nationaliser les intérêts, les idées, les sciences, les études, les religions elles-mêmes, la Révolution française dans son principe et dans son action a combattu et atténué chez les peuples le sentiment de leur individualité nationale. Sous cette double influence, les intérêts, les idées, les sciences, les études philosophiques, les religions, deviennent autant de centres autour desquels se groupent, de toutes les zones du monde civilisé, les instincts, les intelligences et les cœurs qui se sentaient plus particulièrement attirés vers l'un d'eux.

Comment cette œuvre s'est-elle accomplie? Par les guerres dont elle a désolé le monde, la Révolution enseigne aux peuples à se séparer de la pensée politique de leurs gouvernements et à se fatiguer des ambitions personnelles. Par les principes, les idées et les besoins au nom desquels elle a agité l'Europe, elle fonde de peuple à peuple, sur les bases d'une solidarité tacite ou avouée, ces alliances entre les fractions de la société humaine qu'anime un même esprit de conquête ou un même instinct de conservation. Trop faible en effet dans sa sphère, chacune de ces fractions sociales s'effraye de son isolement en présence de la multiplicité des secours qui arrivent à ses adversaires ; elle doit donc chercher, au delà des limites de cette sphère, dans une communauté de vues, de situation, de désirs ou de dangers, un appui matériel, un renfort moral ; et ainsi, à cet équilibre politique, issu de l'individualisme national et pour lequel chaque peuple pesait tout entier dans un des côtés de la balance, se substitue graduellement cet équilibre social pour lequel chaque nation, en se fractionnant, apporte un poids dans chacun des plateaux.

Les conditions d'existence se trouvent désormais pour l'humanité entièrement modifiées. Les nations vivaient à côté les unes des autres : elles vivront les unes par les autres, et, en quelque manière, les unes dans les autres. Comme tous les changements profonds, celui-ci survivra aux événements auxquels il semble devoir son origine et qui ne sont réellement que les accidents de sa manifestation. Le principe de cette transformation est ailleurs.

VIII

Un retour de l'humanité vers un progrès chrétien demandait, avec les douleurs de l'épreuve, une de ces grandes commotions dans lesquelles, après de longues années de séparation et d'isolement, les éléments d'une reconstitution retrouvent, par le contact plus fréquent des peuples entre eux, une vigueur et une autorité qui leur faisaient défaut. Le sentiment catholique, les principes conservateurs de la société, ne profitent pas seuls, il est vrai, de cette reconnaissance sur tant de points divers d'une conformité, d'une identité de désirs et de besoins ; les espérances coupables, les doctrines révolutionnaires, les haines sociales rencontrent et recrutent, elles aussi, de violents auxiliaires ; mais, dans cette lutte inégale par le nombre des combattants, l'union et la discipline ne rétabliront-elles pas un jour, en faveur du bien, des espérances de succès que la dispersion des forces et l'absence de direction avaient notablement compromises ?

Envisagée à ce point de vue, la mission confiée par la Providence à la Révolution de 1789 apparaît avec une certitude plus marquée. Le grand fait de l'unité de la société chrétienne, révélé par

Dieu, conservé par l'Église, affaibli par les passions, va reconquérir graduellement dans le monde la place qui lui appartenait : il trouvera même l'énergie de son développement dans deux sentiments chaque jour plus puissants, parce qu'ils deviennent chaque jour l'expression plus vraie d'une nécessité sociale : le besoin de l'association, la conscience de la solidarité humaine.

En face des perspectives nouvelles ouvertes devant lui, des similitudes et des antagonismes qui ont surgi, des dangers et des espérances qui se sont fait jour, l'homme, sous la double influence d'une résistance ou d'une aventure à tenter, comprend la faiblesse de son individualité : il voit son salut et son succès dans l'union des intelligences et la communauté de l'action.

Association, solidarité humaine : voilà donc les deux mots qui résument la tendance de l'Europe depuis un demi-siècle; tels sont les courants à l'aide desquels Dieu, dans sa miséricordieuse indulgence, cherche à ramener sa créature dans les voies qu'il lui avait tracées.

Comme s'il lui eût plu aussi de rendre plus éclatant aux yeux de tous le plan divin de ses résolutions, il permet que ces deux mobiles de la vie des peuples trouvent, tout ensemble, et leurs appuis dans les instincts des hommes, et toutes les facilités à leur rapide et universelle expansion dans la mise au jour et, si je puis m'exprimer de la sorte, dans la mise en œuvre de deux des plus admirables inventions du génie moderne : l'application de la vapeur à la locomotion, et celle de l'électricité au langage. Ainsi, après avoir laissé agir la force lorsque la force était la seule loi du monde, le prestige d'un homme dans des temps d'ignorance et de barbarie ; après avoir fait retentir un cri venu du ciel lorsque la foi vibrait dans tous les cœurs, la Providence se sert des instincts raisonnés de l'homme dans ce temps où l'homme n'écoute que trop ses calculs et son orgueil ; elle prépare à côté de ces instincts les moyens de les mieux satisfaire.

A quelque objet que s'appliquent l'esprit d'association, la conscience de la solidarité humaine, le besoin d'unité, autant de symptômes d'une même disposition des esprits, ils puisent une vie nouvelle dans tous les sentiments qui dirigent les aspirations de la société moderne.

Ils trouvent chez l'homme, — dans les questions d'intérêts matériels : le désir de profiter des inventions nouvelles, l'attrait du bien-être et des richesses et l'impatience de se procurer des matières premières pour ses travaux, des débouchés pour les produits de son industrie ; — dans les questions politiques : le souvenir des douleurs de la guerre, le regret des sacrifices qu'elle impose, la crainte des difficultés qu'elle engendre, la préoccupation des garanties nécessaires à des situations acquises, et, plus que tout, le sentiment d'une vie propre en dehors des combinaisons gouvernementales ; — dans les questions sociales, ils rencontrent, comme autant d'appuis, l'expérience de l'inutilité des efforts individuels, de l'importance du nombre pour donner des échos à une voix menaçante ou opposer au flot de la démagogie une digue aussi large par sa base qu'imposante par la majesté de son élévation; — dans les questions philosophiques : l'ardeur de la recherche, la satisfaction de la découverte, la conscience des lumières qui jaillissent du commerce des intelligences, le besoin d'expansion pour ses idées et l'ambition d'un retentissement plus général de ses doctrines. — Enfin, et surtout dans les questions religieuses, ils trouvent en l'homme tant de fois battu par la tempête et effrayé des égarements et des crimes d'une génération incrédule : s'il est dans les voies de l'erreur, la reconnaissance de l'affaiblissement progressif des croyances par les excès du libre examen; s'il est dans les voies de la vérité, l'aveu public ou tacite du besoin d'une autorité suprême et le penchant à revenir à la source même de toute autorité, en resserrant les liens qui l'attachent au trône des Souverains Pontifes.

En même temps, les distances s'effacent, les minutes ont acquis la valeur des jours, et les mois celle des années. Les montagnes s'abaissent sous la main de l'homme; les mers ne sont plus ces humides déserts rarement parcourus, ce sont de beaux lacs sans cesse sillonnés par ses navires ; les obstacles de la nature, la résistance des éléments, ne deviennent qu'un jouet, ne conservent que le caractère d'un incident, devant l'énergie de sa volonté et la rapidité de sa marche. L'homme veut, il s'avance, et l'heure fixée par son calcul pour l'exécution de ses projets est celle qui en marque la réalisation. Un cri de joie ou de douleur, une voix effrayée ou triomphante se font-ils entendre; l'écho qui leur répond n'est plus un son qui se perd dans le silence du lointain; il se traduit en une vibration qui agite le monde entier.

IX

Si, en présence des découvertes de l'esprit humain, l'existence de ces tendances générales au fond des cœurs eût suffi à la révélation de leur origine surnaturelle; la sanction extérieure des événements était nécessaire à leur victoire sur le rationalisme dédaigneux des temps modernes. Nous appuierons donc sur l'autorité des faits la justification de cette pensée: qu'il est permis de rattacher aux conditions actuelles de la vie des peuples le signe d'une préparation divine à l'union plus intime des sociétés humaines.

L'universalité, le chiffre chaque année plus considérable des émigrations, les caractères propres à cette mobilisation de tant de races diverses, ne méritent-ils pas d'être signalés parmi les symptômes de cette tendance qui rapproche les hommes, et, par les hommes, les nations les unes des autres?

La législation qui rattachait l'individu à la terre, qui créait, entre les diverses classes de la société, des devoirs et des droits réciproques, et cet amour fortement développé de leur nationalité, élevaient autrefois pour les peuples, autant que la longueur des distances et les difficultés des communications, des barrières presque infranchissables à cet élan qui entraîne aujourd'hui des familles par milliers vers des contrées étrangères. Si, malgré ces obstacles, la circulation des hommes trouvait alors, à de rares intervalles, quelque activité, elle la devait à des intérêts politiques, des discussions religieuses ou à l'initiative des gouvernements; la pensée qui lui donnait naissance, le but qu'elle devait atteindre, lui méritaient le titre de colonisation; plus rarement celui d'émigration. Ces exilés volontaires ou ces représentants de la politique des trônes, alors même qu'ils quittaient pour toujours le sol natal, ne conservaient pas moins à leurs habitudes et à leurs mœurs le cachet de nationalité qui faisait leur orgueil; dans les cœurs se perpétuaient ces vieilles hostilités de races; aussi était-ce moins une patrie nouvelle qu'un reflet de leur patrie qu'ils demandaient à ces terres lointaines, et les vit-on, sous l'inspiration de leurs propres désirs, autant que sous la pression des gouvernements de leurs métropoles, accepter, dans la réglementation de leurs relations extérieures et commerciales, les principes de cette politique exclusive qui présidait aux rapports des différentes nations de l'Europe.

Serait-il donc permis de chercher quelque assimilation entre ces migrations ou ces conquêtes et ce qui se passe sous nos yeux? Devenues le plus souvent étrangères aux questions politiques et à une situation religieuse, les émigrations modernes trouvent, avec leur origine, leur caractère de généralité dans les conditions économiques issues, de nos jours, de la rapidité des communications, des progrès de l'industrie et de la multiplicité des échanges.

Les souffrances de la vie des villes où l'atelier attire plus de bras qu'il n'en peut employer, la modicité ordinaire de la rémunération des travaux agricoles, les inégalités de situation des classes laborieuses, l'espérance d'une augmentation de bien-être, la confiance de ne plus lutter contre les horreurs de la solitude, tous ces motifs concourent depuis un quart de siècle au développement vraiment prodigieux de ces émigrations qui de tous les points de l'Europe occidentale, de l'Allemagne et de l'Angleterre en particulier, vont peupler les déserts de l'Amérique et des régions intertropicales.

Avec l'inspiration et l'initiative personnelles pour guides, elles échappent à l'action et au contrôle des gouvernements. Les expéditions combinées et préparées à l'avance ont fait place à des départs individuels et isolés ; aux armes de la guerre succèdent les instruments de travail ; à la conquête du territoire son acquisition parcellaire ; à la plantation du drapeau national, à l'importation des lois de la patrie, la reconnaissance du drapeau sous lequel on s'abrite et de la législation à laquelle on demande une légitime protection.

Sous ces influences et dans ces conditions, les priviléges de la métropole ne sont plus un appui pour les émigrants ; ils deviennent un obstacle à l'extension de leur commerce ; les sentiments qui identifiaient les peuples à leurs gouvernements s'altèrent ; la distinction de leurs intérêts particuliers se fait mieux reconnaître et mieux accepter.

Les colonies étaient souvent une difficulté ; à certains moments, une charge ; quelque faibles que fussent leurs liens avec la mère patrie, ils restaient néanmoins les fils conducteurs de la richesse et de l'influence politique ; le vaisseau, en se détachant du port, les brise désormais : les pertes morales et matérielles imposées à la nation ne sont plus compensées, comme autrefois, par le prestige des succès et de la puissance des enfants qui consentaient à la servir sous d'autres climats.

Ainsi la patrie, d'abord restreinte aux murailles d'une cité, aux confins d'une province, aux frontières d'un État, s'agrandit jusqu'aux limites du monde civilisé ; les peuples portent encore un nom qui les distingue ; mais souvent, dans les calculs de leurs intérêts et de leurs passions, ce nom, qui reste une expression géographique, conserve moins la signification d'une unité compacte avec une mission et des devoirs qui lui soient propres.

Ces voyages à travers des pays jusqu'alors

inexploités, entraînent des découvertes, créent pour le plus grand nombre des besoins nouveaux; la réponse à ces besoins devient pour quelques-uns une occasion de richesses; dans ce va-et-vient d'exigences à satisfaire et de bénéfices à recueillir, l'homme ne se fixe que là où le succès lui semble assuré: ses haines se portent sur ceux qui opposent des obstacles à ses desseins, ses affections sur quiconque se fait l'auxiliaire de ses entreprises; et devant cette communauté de sentiments, d'idées, d'habitudes, s'effacent graduellement toutes les divisions fondées sur les différences de cultes, de pays et de traditions.

X

Pour retrouver cette tendance à un rapprochement des peuples et ce secret instinct vers une fusion des races, il ne nous est pas même besoin de suivre ainsi dans leurs émigrations lointaines ces individus et ces familles appartenant à diverses nationalités; bien plus, s'ils restaient seuls, à notre époque, l'expression vivante de cet indifférentisme politique et de ce sentiment qui rend les liens de la patrie moins forts parce qu'ils sont plus étendus, la fin surnaturelle de l'œuvre à laquelle ils participent disparaîtrait davantage : ils demeureraient les ouvriers de leur fortune sans devenir les hardis pionniers d'une transformation sociale.

Mais, tandis que la multiplicité de leurs établissements sur tous les points du globe prépare son unité matérielle, la conformité des intérêts assure entre les particuliers l'association des forces; entre les peuples l'intimité des relations et jusqu'à la solidarité de leur prospérité et de leurs malheurs intérieurs. Cette vie générale et commune à laquelle les émigrants concourent par leur déplacement, rencontre dans les classes élevées les éléments nécessaires à son complément : ceux-là donnent leurs bras et leur activité physique, qui constituent leur seule richesse; celles-ci, leurs capitaux et les produits de leur industrie.

Alors que les peuples cherchaient leur grandeur dans leur supériorité militaire, que le sentiment développé par la politique était celui de l'exclusivisme, et l'état de guerre l'état habituel des nations, les vues qui présidaient aux combinaisons gouvernementales pénétrèrent les esprits les plus étrangers à ces questions : leurs traces se retrouvent dans les calculs de l'industrie privée et les limites assignées à l'emploi des capitaux, dans la rivalité des priviléges nationaux et la législation commerciale.

Comment en eût-il été autrement? Ne pouvait-il pas devenir nécessaire, pour atteindre la puissance d'une nation ennemie, de chercher à tarir les sources mêmes de sa richesse? Supposons cette richesse commune à deux peuples rivaux, le revers qui la frappait d'un côté transformait d'autre part un triomphe en un désastre; toute nation devait donc se suffire à elle-même, multiplier les branches de son industrie nationale, plutôt que de féconder d'une manière exclusive quelques branches privilégiées; l'intérêt du présent, la sécurité de l'avenir, exigeaient que chacun travaillât pour soi et chez soi, et trouvât autour de soi l'emploi de la totalité de ses capitaux; de là, ces lois prohibitives contre toute menace d'une concurrence extérieure, et ce système protecteur qui, en diminuant les importations, restreint aux frontières d'un État la plupart des ressources de la fabrication intérieure.

Depuis le commencement de ce siècle, le monde s'agite sous l'action d'aspirations opposées. A mesure que les marchés étrangers s'ouvrent aux produits du travail d'un peuple et que s'élargit pour lui l'horizon industriel, son esprit se préoccupe de l'accroissement continu de ces débouchés et du rapprochement des limites extrêmes de cet horizon, par la rapidité de la locomotion. La prospérité d'un peuple voisin n'est plus autant envisagée au point de vue de la grandeur qu'elle lui présage, elle l'est davantage à l'égard des besoins qu'elle lui crée : si la puissance de ses capitaux ne répond pas à l'énergie de ses désirs, de l'extérieur lui viennent des ressources pour les satisfaire. Ces vastes entreprises qui trouvent des appuis et des protecteurs où elles n'eussent rencontré jadis que des rivaux ; ces appels faits à tous les capitaux de l'Europe, sans distinction de nationalités, pour la construction de tant de lignes ferrées ; les engagements souscrits de toutes parts, témoignent suffisamment que l'activité et la prospérité générales de l'humanité sont les deux bases sur lesquelles chaque État songe désormais à fonder sa richesse particulière.

A l'heure où de tels faits se produisent, cette pensée, nous pourrions dire cette doctrine, trouve dans tous les centres industriels des adeptes et des défenseurs : sous le nom de libres-échangistes, ils ont inauguré et poursuivent, avec une ardeur passionnée, les derniers vestiges de l'ancien régime commercial.

Faible à son origine, cette école groupa

promptement autour d'elle un grand nombre de partisans. Sa première ligue, elle la forma dans un pays de productions agricoles insuffisantes, contre la loi des céréales, s'assurant ainsi la sympathie des classes ouvrières; ses principes économiques, elle les rattacha à des idées politiques toutes vivantes de leur nouveauté, et obtint dans les classes élevées un appui à l'aide duquel elle sortit de la sphère étroite de la discussion scientifique. Sous la plume de ses disciples encouragés par les succès, la lutte prend aujourd'hui de plus vastes proportions, et à l'intérêt d'un peuple est ouvertement substitué l'intérêt le plus général, tel qu'ils le croient reconnaître. Nous ne voulons point esquisser ici l'historique de l'agression et de la défense, ni peser la valeur des principes dont s'arment les deux partis; encore moins nous appartient-il de prédire de quel côté se fixera la victoire; cependant, tout en tenant compte de la variété des conditions de travail chez les peuples divers et en faisant une large part aux concessions qu'exigent le respect de droits acquis et l'existence de difficultés matérielles, il nous semble qu'il serait permis de croire que les générations qui nous succéderont assisteront à la mise en pratique sur une vaste échelle de la liberté des échanges et de la concurrence commerciale.

XI

Les mêmes sentiments, quoique revêtus d'une influence moins prépondérante, par suite des nuances que leur imposent des passions contraires plus vivaces, nous les retrouvons sur le terrain de la politique. De nos jours, les guerres deviennent moins fréquentes et moins longues : au premier symptôme d'hostilités les gouvernements, entraînés d'ailleurs par leurs peuples, cherchent le maintien de la paix dans l'offre d'une intervention amicale; si la guerre éclate, sa localisation dans un système de neutralité absolue. A l'heure où les combattants déposent les armes, les neutres reparaissent pour sanctionner le traité des puissances belligérantes et constater ainsi qu'il n'est plus une agitation partielle du monde qui ne vienne les atteindre, alors même qu'elle ne les trouble pas. La différence si marquée qui distingue à cet égard l'époque contemporaine des périodes toutes guerrières qui l'ont précédée, n'est-elle pas l'incontestable symptôme de la différence extrême des dispositions morales des nations? Pour devenir aussi absolues et triompher de traditions opposées, ces modifications extérieures ne sauraient être que les conséquences sensibles de sentiments intérieurs et déjà profondément enracinés dans les esprits. Une longue série d'années pacifiques sera et reste, dès aujourd'hui, le produit naturel de l'affaiblissement successif des instincts qui, comme autant de risques de guerre, étaient autrefois fixés au cœur des nations.

Encore que cette autorité des événements eût paru plus indiquée dans le passé, la chute d'un étonnant génie s'abîmant dans ses victoires et par ses victoires, le spectacle récent de ces triomphes deux fois interrompus, une volonté absolue s'arrêtant elle-même devant l'anxieuse attente de l'Europe, le retour si fréquent dans un demi-siècle des congrès diplomatiques, ces aspirations vers la consécration de l'idée d'une paix universelle, tout cet ensemble n'attesterait-il pas qu'à des intérêts multiples ont succédé des besoins généraux et que les calculs d'un homme, quel que soit son pouvoir, ne sauraient s'isoler désormais de ceux de l'humanité?

XII

Pour que la conquête du monde n'échappât point à cet esprit nouveau, il lui suffisait peut-être de se manifester uniquement dans les questions d'intérêts matériels; les ménagements de la politique ne lui eussent point été refusés; mais, par une interversion des rôles, cette conquête fût devenue le triomphe de tout ce qui n'a droit qu'au second rang dans les préoccupations de l'homme, et la chute de toutes les barrières n'eût entraîné que le nivellement de tous les sentiments.

Ce qui était un danger et demeurera longtemps une menace, restera, nous l'espérons, pour l'avenir une impossibilité : cette tendance si universelle se fait jour dans des régions plus élevées; son influence règne sur la portion la plus éclairée de l'humanité.

Au moment où la rapidité des communications, le contact fréquent des nations entre elles profitent à la fortune et à la paix publiques, les intelligences d'élite s'élèvent, elles aussi, au delà des limites que des événements politiques, des difficultés extérieures leur avaient créées; elles cherchent, dans le rapprochement des idées, la comparaison des doctrines, dans le commerce des esprits, l'échange des richesses littéraires et philosophiques de chaque peuple, une unité d'intérêts, une communauté de vie et d'action ; elles conservent ainsi, dans l'agglomération sociale, la place qu'elles occupent dans l'individualité humaine.

Ces obstacles naturels à l'expansion des œuvres de l'esprit humain ne blessaient point autrefois comme ils blesseraient aujourd'hui ; une disposition générale concourait même au maintien de ces obstacles; le cercle de son action paraissait à chacun assez vaste, pourvu que la puissance et la durée de son autorité s'accrussent de tout ce qui était refusé à son étendue. Moins empressé d'user des découvertes de ses voisins qu'attentif à les priver des siennes, chaque peuple voyait dans les difficultés qui se présentaient devant lui une défense contre la curiosité extérieure; il y constatait rarement une limite à la rapidité de ses progrès. Cet amour-propre exclusif, qui rattachait les nations au caractère de leur destinée, se faisait remarquer jusqu'en leurs productions intellectuelles : chaque littérature avait son cachet national, et cette empreinte locale devenait sa force, la garantie de son succès, le passe-port le plus utile à sa circulation intérieure.

La science ne trouvait pour ses travaux qu'une attention inégale; pour chacun de ses fruits elle ne recevait une culture choisie que dans un terrain longtemps préparé par les inclinations et les goûts traditionnels d'un peuple.

La philosophie avait dans tous les pays ses écoles spéciales : les objets de leurs recherches, la forme de leur argumentation, les points de départ de leurs travaux comme leurs aspirations, révèlent la variété des natures et des besoins auxquels ces écoles devaient les éléments de leur perpétuité. Elles se distinguaient les unes des autres avec orgueil, ou par les noms de leurs fondateurs, ou par celui de la ville devenue le séjour de leurs adeptes. Sans occasions, le plus souvent, de comparer leurs doctrines, et sans désir de voir naître ces occasions, maîtres et disciples se contentaient de trouver, en des études sérieuses, des preuves à l'appui des principes qu'ils avaient adoptés.

Presque tous les ouvrages scientifiques, littéraires et philosophiques de cette époque reflètent, à des degrés divers et à des signes aisément reconnaissables, une même préoccupation de leurs auteurs. Attentifs à correspondre, par la forme extérieure, aux instincts et aux exigences dont ils se sentent enveloppés ; plus mystiques et plus aventureux en Allemagne, par exemple ; plus nets et plus concis en France ; plus brillants dans les contrées méridionales de l'Europe, les écrivains n'osent, pour la plupart, sacrifier à une couleur générale ces mille nuances qui attiraient certains yeux : parler à l'humanité tout entière paraissait une audace réservée seulement au génie.

Dans les sciences, rares étaient les découvertes : fruits laborieux de l'intelligence individuelle réchauffée au contact des désirs et des besoins de tous, il manquait à leur éclosion rapide l'air qui vivifie. Quelques-unes, et des plus utiles, se sont fait jour, il est vrai; si l'on compare toutefois aux résultats incontestables et à l'éclatante supériorité de ces découvertes la durée de leurs luttes avant d'entrer dans le domaine public, l'on reconnaîtra, ce nous semble, les sérieux obstacles qu'opposaient à leur propagation des habitudes jalouses et des soupçons inspirés par la malveillance.

Privées de l'appui qu'apportait à d'autres travaux l'aveu tardif de ces avantages, les productions purement littéraires se voyaient le plus souvent refuser même l'honneur du combat. Devenaient-elles, en dehors des limites tracées par l'identité du langage, la propriété de quelques-uns, cette hospitalité partielle ne leur donnait pas droit de cité. Inutiles aux uns, dédaignées par ceux qu'elles eussent pu le mieux secourir, les traductions prêtaient trop rarement aux chefs-d'œuvre leur imparfait concours : confiées à des mains inhabiles, si elles rendaient les traits, elles laissaient s'éteindre la vie, qui est le charme de ces œuvres et attire ceux qu'une étude anatomique effrayerait.

Les contrefaçons littéraires, peu recherchées, étaient peu redoutables : encore ne s'appliquaient-elles, comme les traductions, qu'aux productions les plus importantes de l'esprit. La spéculation d'une industrie particulière, s'engageant dans cette voie, se trouvait promptement arrêtée par toute la sévérité de la loi.

XIII

Quel contraste entre ce passé et la circulation intellectuelle en Europe, depuis, surtout, que la presse périodique doit à une locomotion rapide, à la fréquence des communications, une si grande place dans l'existence des peuples! Promptement transportés d'un point du monde à l'autre, recueillant plus promptement encore de toutes les parties de l'univers civilisé les faits et les opinions qu'ils résument en peu de lignes, les journaux, en venant chercher l'homme à son foyer, le font citoyen du globe; ils reportent jusqu'à lui, avec le bruit des événements, la vibration des sentiments et des idées auxquels participent et obéissent des partis politiques, des classes sociales, des nations tout entières. Chaque jour ils abordent les questions les plus graves, non avec le sérieux dont elles se revêtiraient naturellement, il serait pour leurs lecteurs une fatigue, mais avec cette demi-teinte d'étude qui fixe un moment l'esprit sans nécessiter de longues réflexions; ce qui était réservé à l'homme d'action devient ainsi l'intérêt quotidien ou le délassement habituel de presque tous.

Les intérêts et les passions, en se multipliant, créent, dans la presse périodique de chaque grand centre de la vie nationale, de nouveaux organes destinés à les servir ou à les défendre : à l'aide de ces intérêts, de ces passions, ces organes trouvent partout aussi, avec des échos sympathiques, des appuis et des protecteurs ; par suite, la division et la lutte s'engagent là où l'entente eût dû paraître le plus facile, et l'union surgit, en dehors des temps et de la distance, de l'identité des points de départ et des buts à obtenir.

A côté de la politique, la science, la philosophie, la religion trouvent dans les journaux un champ ouvert à l'examen des questions qu'elles soulèvent. Quelles que soient les idées au service desquelles elle se mette, la presse offre à une littérature sérieuse, à des ouvrages plus étudiés, en échange de l'autorité que retire sa mission de l'importance de ces travaux, non pas seulement une publicité restreinte, mais tout l'éclat de la publicité de ces feuilles nombreuses, qui sembleraient avoir une même origine, si la diversité du texte ne révélait la diversité des lieux où elles prennent naissance.

Chaque jour voit naître des traductions nouvelles : la faveur de l'opinion publique leur est acquise, et son suffrage permet d'accroître l'importance de leur nombre de toute la valeur des qualités qui leur sont propres. Sous des mains habiles, les œuvres des grands maîtres conquièrent cette vie nouvelle : les œuvres du second ordre ont moins à craindre que des mains plus modestes la leur refusent; l'honneur de la traduction ne devient même, hélas! que trop souvent, l'encouragement des ouvrages les plus médiocres, nous devrions dire les plus dangereux, lorsque, avec une rapidité habilement calculée, ils abordent une question toute vivante d'actualité, ou réveillent des haines mal assoupies.

La contrefaçon littéraire, reléguée autrefois en Hollande, en Suisse, et demeurée longtemps le monopole presque exclusif de ces pays, a pris, depuis un quart de siècle, en Europe, une extension considérable : chez toutes les nations elle a conquis droit de cité, et l'état le plus magnifiquement doté ne reculerait plus devant l'appropriation, par cette voie, de la richesse étrangère. Ce communisme international, en menaçant l'existence de droits respectables, atteignait à leurs sources mêmes les productions de l'esprit; il répondait néanmoins à un besoin général.

Les gouvernements s'émurent de cette situation : ils virent les dangers qu'elle créait, mais aussi les difficultés de la résistance : laisser au contrefacteur l'appât d'un profit assuré, et combattre les conséquences d'une prohibition ancienne, par des lois répressives contre les abus de ces conséquences, furent reconnus également impossibles; il ne restait plus qu'à offrir un nouveau lit à ce torrent; de là, depuis 1837, à l'exemple de la Prusse, à laquelle revient l'initiative de cette résolution, ces conventions littéraires ouvrant, pour leurs œuvres, aux auteurs eux-mêmes des débouchés jusqu'alors fermés; la contrefaçon perd, avec sa raison d'être, le puissant mobile des bénéfices auxquels elle devait sa rapide propagation; et ce sentiment universel qui préside au commerce des intelligences obtient, dans ces différents traités, la consécration de ses résultats les plus importants.

Ce désir plus général de s'approprier, sans

distinction d'origine, et malgré les distances, toute œuvre, dès qu'elle apporte un progrès dans la science, un nouveau jour dans les questions philosophiques, ou qu'elle répond à un goût littéraire, ce désir devient un puissant auxiliaire pour le développement de la vie intellectuelle de l'humanité.

Ces victoires ne se transforment pas toutes en des conquêtes assurées; et, si l'on devait établir un parallèle entre les conditions anciennement imposées à la marche de l'esprit humain et celles qui lui sont créées, peut-être serait-il moins permis de s'abandonner à une satisfaction malheureusement très-acceptée aujourd'hui; mais dans ces périls eux-mêmes on reconnaîtrait encore un des caractères particuliers de notre époque.

La science ne redoute plus contre ses efforts les obstacles que les circonstances ou les intérêts lui opposaient autrefois. Dirige-t-elle ses recherches vers les régions les plus élevées de son domaine, les trésors qui lui étaient fermés ne se dérobent plus devant elle : des pays, des littératures, des monuments inconnus ou peu étudiés, sont livrés à ses investigations; les découvertes se succèdent, s'apportent les unes aux autres l'appui d'une solution attendue, d'une difficulté tranchée. Se contente-t-elle au contraire de ce qui devra augmenter le bien-être, servir les intérêts matériels de la société, la science rencontre, pour ses inventions et ses produits, les ressources nécessaires à une application immédiate et générale. Comme les sentiments, les capitaux et les associations deviennent cosmopolites; et là où les avantages sont communs, s'établit rapidement l'entente. Mouvement immense que la multiplicité des éléments qui le développent altère dans sa pureté, que des besoins journaliers retiennent trop souvent dans des régions inférieures, et qui apparaîtra dans la plénitude de ses effets, alors seulement que la plénitude de l'œuvre de Dieu se manifestera dans le concert inattendu des œuvres de l'homme.

La philosophie moderne cherche le plus souvent sa vie dans les seules aspirations de la raison.

Pour beaucoup d'esprits, une croyance fixe n'est plus un point de départ ni un appui : les orgueilleuses incitations du doute, avec leur récompense dans le charme de la nouveauté, les trouvent seules dociles ; pour ces esprits encore, point de vérité, point d'erreur absolues : nulle part aussi absence complète de toute vérité et de toute erreur : nulle part la reconnaissance d'un édifice achevé, mais partout des pensées fondamentales, des pierres angulaires pouvant servir à la construction de la philosophie universelle, monument idéal à l'érection duquel ils espèrent tous participer. L'éclectisme, en un mot, qui n'avait autrefois que sa petite place dans la grande famille philosophique, voit la majorité de ses membres se ranger sous sa bannière, et sa puissance s'accroître de toutes les facilités qui lui viennent du dehors.

Sous son inspiration surgissaient des travaux individuels, reproduisant et comparant les méditations des penseurs les plus illustres ou les plus aventureux ; ce n'était pas assez : des revues périodiques se fondent, avec le but avoué d'enlever à la philosophie tout caractère national, et de livrer dans le détail à l'appréciation de tous ce qui n'était connu que sous une forme sommaire et très-générale.

Les œuvres purement littéraires, bien que, par leur nature et par le but qu'elles se doivent proposer, elles semblent plus à l'abri de cet instinct de généralisation, n'y ont point cependant entièrement échappé. Ne voyons-nous pas, de tous côtés, l'imagination des écrivains s'épandre, pour ainsi dire, dans l'uniformité du réalisme, au lieu de se développer dans la diversité de l'idéal ; et les peintures de la vie, que chacun peut connaître, succéder aux tableaux des impressions qu'un peuple était plus spécialement appelé à ressentir ?

A quelque ordre d'idées qu'ils appartiennent, les savants, les philosophes, les littérateurs, ont, dès aujourd'hui, devant eux, avec un horizon plus vaste, des goûts nouveaux à satisfaire; et, si le mouvement auquel ils obéissent ne semble pas encore les amener à l'unité des principes et des doctrines, il coopère, en sa mesure, au rapprochement des peuples, par le commerce intellectuel qu'il établit entre eux.

XIV

Jusqu'ici nous avons envisagé dans les faits de l'histoire contemporaine les courants humains qui entraînent le monde. Les côtés les moins élevés de la question qui nous occupe nous ont seuls apparu. Cependant la vie naturelle de l'homme, celle qui le rattache à cette terre, ne ressent pas seule les effets de ces modifications profondes; sa vie surnaturelle, celle qui le porte vers Dieu, en l'élevant au delà de ce qui n'est que du temps, trouve aussi dans les conditions matérielles de son existence, dans l'activité expansive de son esprit, dans l'agrandissement de sa sphère sociale, une force de résistance et des éléments d'action.

Pour étudier en son ensemble le mouvement religieux des sociétés modernes, nous demandons à faire abstraction un instant de la vérité et de l'erreur : nous essayerons plus tard de reconnaître les différences qui, même à ce point de vue, les distinguent, et d'en tirer les conséquences qui nous semblent en pouvoir découler.

L'aperçu plus net du but à atteindre, l'intelligence plus complète des circonstances et des nécessités; dans la direction, la fermeté calme et inébranlable; dans l'exécution, l'activité et l'esprit de sacrifice, maintiendront en faveur de l'Église romaine la supériorité que lui assurait déjà le dépôt des enseignements divins; mais si, alors qu'elle marche la première, elle est suivie, de loin il est vrai, et sans la même assurance, par les autres églises chrétiennes, n'y aura-t-il pas, dans cet élan courageux ou timide, l'un de ces faits que le hasard d'une coïncidence ne suffit point à expliquer ? Ne devrons-nous pas l'accepter comme une révélation du présent et de l'avenir ?

En recherchant ici l'action des événements extérieurs sur les religions des peuples, notre pensée n'est point de parler de ces variations qui portent sur l'essence même de la religion, sur le dogme ou la morale. Nous ne pouvons vouloir reconnaître que la somme d'obstacles ou d'appuis que les églises chrétiennes ont rencontrés ou rencontrent dans ces circonstances extérieures : les églises dissidentes, pour la réalisation de réformes impérieuses ; l'Église catholique, pour la propagation de la foi et le maintien des liens de son unité.

A la suite et à l'exemple de Montesquieu, dont elles exagèrent la doctrine, certaines écoles prétendraient faire accepter les religions des peuples comme la conséquence des climats sous lesquels ces peuples vivent et des conditions d'existence que la nature ou leurs mœurs leur ont créées ; ces écoles voudraient expliquer et justifier la diversité des cultes par ces différences naturelles et ces oppositions dans les caractères : nous ne nous arrêterons pas à la réfutation de ces erreurs; elles transformeraient le respect dû à la liberté des consciences en un encouragement public donné à ces religions, où la loi naturelle se trouve elle-même le plus souvent méconnue. Si l'enseignement de l'Église ne nous révélait l'unité de la foi pour tous les peuples et tous les siècles, la raison seule, sainement consultée, se refuserait à voir, dans des incidents si mobiles, l'origine et la cause légitime des croyances et des pratiques religieuses, c'est-à-dire de tout ce qu'il y a de plus élevé en ce monde, alors même que l'on arrêterait ses regards aux limites de cette vie.

Tout en rejetant l'erreur, fruit de l'indifférence et de cet orgueil qui se plaît à tout subordonner à l'initiative humaine, nous serait-il cependant permis de rappeler comment, durant la période d'exclusivisme national, s'est révélée, dans les questions religieuses, l'action de ce sentiment auquel chaque peuple obéissait en cherchant à se particulariser?

Ne vit-on pas alors, par un calcul politique, par un secret penchant, gouvernants et gouvernés, s'essayer à imprimer un cachet à leur église, avec cette distinction (hâtons-nous de le dire), que leurs efforts furent d'autant moins grands et leurs succès moins sensibles, que l'empreinte divine était plus marquée sur celle des églises à laquelle ils s'attaquaient?

Le protestantisme trouvait, en son origine et les conditions de son existence, les causes de sa faiblesse contre ces influences extérieures; aussi ne saurait-on comparer, en ces âges passés, au protestantisme de la Grande-Bretagne, le protestantisme allemand. La constitution politique des nations se reflète trop souvent dans la constitution intérieure de ces églises prétendues réformées.

Le peuple anglais, avec ses instincts monarchiques, son respect pour la loi et l'autorité, demandait à rencontrer en son Église ce qu'il était habitué à aimer dans son organisation politique. L'Église anglicane, par sa puissante hiérarchie sacerdotale, reste la reproduction fidèle des institutions britanniques.

Au milieu de ces immenses déserts, avec la cohésion si peu acceptée de son système fédératif, avec la personnalité de sa vie, le peuple américain, une fois tombé dans l'erreur, devait incliner vers la secte qui laissait la plus grande place à l'interprétation individuelle : aussi, durant l'émigration européenne, le presbytérianisme, c'est-à-dire le radicalisme religieux, a-t-il le triste privilége d'un succès plus complet.

Nous en pourrions affirmer autant des sectes qui se divisent l'Europe centrale. A côté de ce caractère rêveur, méditatif, de ces doctrines hardies, si conformes à la nature germanique, le protestantisme allemand, qu'il espère son succès du haut patronage des princes ou des hardiesses de la raison individuelle, accepte ou rejette, dans l'intérêt de sa propagande locale, la prééminence extérieure d'une autorité ecclésiastique.

Moins éloignée de la vérité, parce qu'elle ne

s'est point livrée à tous les écarts du libre examen, l'Église grecque ne nous présente pas le déplorable spectacle de cette multiplicité infinie de sectes et demeure plus ferme contre les dangers d'une telle dissolution : ce n'était point assez cependant pour que, séparée de Rome, elle pût échapper à la domination du sentiment national. Durant les cinq premiers siècles du schisme, le peuple russe n'avait point encore conquis sa place parmi les nations civilisées de l'Europe ; la similitude du langage et la décadence progressive de l'empire de Constantin furent à l'église grecque une sauvegarde contre une division intérieure ; la juridiction du patriarche de Byzance demeura incontestée ; mais, après que l'esprit de conquête eut armé la race slave, et que la volonté indomptable de ses czars eut jeté les fondements du second empire d'Orient, cette même église vit le manteau de son unité se déchirer, le patriarcat de Moscou s'élever à côté de celui de Constantinople, et plus tard, sous la main de fer de Pierre le Grand, la suprématie spirituelle du patriarche de Moscou s'absorber dans le pouvoir temporel du souverain de toutes les Russies.

L'Église catholique, non plus, n'était pas à l'abri de toute lutte : tandis que son enseignement dogmatique était respectueusement accepté par la foi des peuples, l'indépendance du Saint-Siége reconnue par l'intérêt général de la catholicité, la Papauté rencontrait, dans les priviléges des couronnes, plus d'un obstacle à sa juridiction. Une longue tradition n'avait que trop habitué une partie de l'Épiscopat à une obéissance presque absolue aux volontés des rois ; quelques évêques, en restant dans les limites tracées par la loi divine, ne reconnaissaient pas toujours avec la scrupuleuse exactitude qu'ils eussent dû y apporter, la ligne de démarcation entre les droits de la tiare et les prérogatives concédées aux couronnes.

Les investitures, la nomination des évêques et la collation des bénéfices, la publication conditionnelle et sous réserve des brefs, ordonnances et déclarations du Saint-Siége, toutes les questions relatives aux rapports de l'Église et de l'État, se présentaient sans cesse dans l'histoire de la Papauté et de ses relations diplomatiques avec les diverses souverainetés catholiques de l'Europe : si, durant ces trop célèbres querelles, la piété des fidèles s'alarmait, l'amour-propre national ne servait que trop souvent d'appui à l'ambition des rois. Ne peut-on même pas croire que la persévérance dans la foi était envisagée presque à l'égal d'un droit à une certaine indépendance, lorsque l'on voit l'Église de France ne se glorifier pas moins de ses libertés gallicanes que de son titre de fille aînée de l'Église romaine et réclamer ces libertés comme la légitime récompense de sa fidélité et de son ancienne protection.

Parfois, et à de longs intervalles, nous voyons intervenir entre les Souverains Pontifes et le pouvoir temporel, des pactes qui, sous le nom de Concordats, apportent à une partie de la catholicité le repos d'une transaction : cependant, à ces heures solennelles, les rivalités survivent encore aux passions qu'elles avaient soulevées ; nous en voulons pour preuves ces traités eux-mêmes si

péniblement discutés. En comparant les articles qu'ils renferment aux principes dont ils eussent dû devenir l'expression, on découvre les victoires de la prérogative royale sur la mansuétude de la chaire de Saint-Pierre, et la puissance d'un sentiment, en présence duquel les Papes se sont résignés à des concessions, dont semblait souffrir l'intégrité de leur puissance, mais qu'ils jugeaient nécessaires.

XV

Les nations, dans leur vie surnaturelle, ne cèdent-elles pas aujourd'hui à un mouvement en tout contraire à celui que nous venons d'indiquer? La tendance du dix-neuvième siècle, n'est-elle pas, avec un retour vers les préoccupations religieuses, ici, de substituer aux interprétations hasardeuses du libre examen, l'enseignement donné par l'autorité; là, de dégager l'action du Saint-Siége des entraves que lui opposaient les intérêts politiques; partout enfin, de profiter, dans ces buts divers, des facilités matérielles récemment créées. Dissidents et catholiques cherchent, les uns à atténuer les conséquences de ces variations qui sont la faiblesse de l'erreur; les autres, à reporter au delà du dogme cette unité qui est la force et la sauvegarde de la vérité.

Après avoir rejeté, comme attentatoire aux droits de la raison humaine, l'autorité de la révélation; multiplié et élevé les barrières entre Rome, les peuples et les rois, le protestantisme s'effraye des éléments de dissolution qui se traduisent pour lui en une diversité infinie de sectes, ou en une ignorante indifférence. A ces dangers, il veut opposer une explication des Écritures, plus généralement acceptée, et le prestige de quelques-unes de ces assemblées d'où sortiraient des décisions dogmatiques. On voit, sous l'impulsion immédiate, presque sous la direction du roi de Prusse, Frédéric-Guillaume IV, l'Allemagne jeter les premiers fondements de l'Alliance-évangélique, association européenne, destinée à unir en une sorte de fédération les communions protestantes. Ainsi, dans ces mêmes régions où naquit l'hérésie, se produit cet étonnant spectacle des successeurs de Luther et de Calvin, s'essayant à une imitation sans valeur des conciles de l'Église catholique.

Par intervalles et en des lieux déterminés, s'assemblent, venant des principales villes des pays germaniques et de quelques contrées éloignées, les représentants les plus illustres et les plus écoutés des sectes issues de la révolte contre l'enseignement et la suprématie de Rome. De ces tentatives infructueuses, n'est sortie jusqu'ici, il est vrai, que la reconnaissance plus exacte de la profondeur de l'abîme et de l'étendue des obstacles à une fusion, même partielle; ces échecs successifs et la ruine de toute espérance prochaine de salut ne deviennent cependant point encore pour les protestants de l'Allemagne des motifs de découragement, tant est puissant le sentiment auquel obéissent ceux mêmes qui semblaient le devoir moins éprouver.

A l'orient de l'Europe et dans ces provinces tristement courbées sous le joug du Croissant, aujourd'hui que, par la destruction de l'un et le honteux assujettissement de l'autre, il ne saurait plus être question de la rivalité des patriarcats de Moscou et de Constantinople, le rapide accroissement de la Russie et la décadence de l'islamisme concourent à la réalisation d'une grande unité fondée sur la conformité d'origine et la similitude des croyances. Cruellement éprouvées par les douleurs d'un esclavage moral, les populations grecques et chrétiennes, sujettes du Sultan, découvrent dans un vaste empire, au delà des symptômes de mort qui les environnent, l'éclat transparent d'une vie alimentée par un sang qui est le leur, des intérêts qui leur sont propres; elles tendent l'oreille du côté de Saint-Pétersbourg, pour savoir si, par hasard, elles n'entendraient pas donner le signal de leur délivrance. Prêtres et évêques, humiliés d'une tyrannie qui joint le mépris à la violence, voient leur salut et celui de leurs troupeaux dans le protectorat de l'empire qui possède, avec le prestige que donne la puissance militaire, l'autorité que le respect accorde au chef suprême de la hiérarchie ecclésiastique : ce protectorat n'est même à leurs yeux qu'un premier lien ; ils en veulent un second plus ferme et plus intime. Grecs et Slaves, auxquels les rigueurs de la force ont enseigné à n'avoir confiance que dans la force, portent au pied du trône des czars leurs plaintes avec leurs prières, et à la suite de leurs chefs naturels, se font les instruments vivaces de l'ambition moscovite. Sans l'opposition diplomatique ou militaire de l'Europe, l'énergie de ce mouvement eût déjà produit tous ses effets, et, si les résultats n'ont pas répondu aux efforts de ces peuples, cet attrait n'existe pas moins en germe et comme préparation d'un changement immense dans l'existence politique du monde oriental.

XVI

Mais, au milieu de ce courant universel, il appartenait à l'Église catholique, de toutes la plus avide d'une sainte expansion, la plus intelligente des vrais progrès, de marquer sa place dans la marche de l'humanité et de prendre sa large part dans les conquêtes de l'esprit nouveau. L'unité de sa constitution intérieure, le zèle et l'abnégation de ses représentants les plus élevés, la conscience de sa mission divine, lui avaient apporté contre les envahissements ou les attaques dissolvantes du pouvoir politique, sinon toujours la puissance nécessaire au triomphe, du moins la vitalité suffisante à la résistance : affermie par la lutte, elle se trouvait donc mieux préparée à profiter de ces circonstances extérieures comme de points d'appui à son activité; de cette tendance des esprits, comme d'un aimant pour les ramener : éclairée sur ses vrais dangers, elle devait saisir avec l'ardeur d'une mère tout ce qui pouvait en empêcher le retour et assurer, par ces voies nouvelles, l'affermissement de son autorité et l'accroissement de son domaine religieux. Ne voulant pas perdre de terrain, il lui en fallait gagner : elle devait rapprocher entre elles et relier plus intimement au centre commun, c'est-à-dire à Rome, les diverses parties de son noble héritage.

Pour faire pénétrer la lumière de la vérité dans ces parages lointains que les difficultés des distances, la lenteur et l'insuffisance des transports ne lui avaient permis d'atteindre qu'accidentellement, elle avait ses apôtres, ses vierges, ses martyrs. Tandis que, sans songer à Dieu, les hommes ouvrent à leur commerce de nouveaux comptoirs, l'Église envoie sur des vaisseaux marchands des missionnaires destinés à évangéliser le monde. Au même temps où ses apôtres donnent leurs veilles et leurs fatigues ; ses martyrs, leur sang pour la conversion des infidèles; l'Europe voit se fonder et grandir dans son sein l'œuvre de la propagation de la foi, œuvre vraiment universelle, puisqu'elle admet, avec son sou par semaine, la coopération de tous, et envoie ses subsides dans toutes les parties de l'univers. Les anciennes chrétientés renaissent; de nouvelles surgissent; les positions conquises se fortifient, deviennent des points de départ à des expéditions pacifiques, des centres de recrutement pour les victimes des persécutions; l'Amérique, malgré ses déserts et l'hostilité obstinée de l'erreur; l'Asie, malgré le fanatisme de ses populations et les terreurs de ses gouvernements despotiques; l'Afrique et l'Océanie, malgré les mœurs sauvages de leurs tribus, assistent chaque jour aux luttes victorieuses de la Croix. Les missionnaires jettent les premiers fondements de l'union future des races barbares avec les nations civilisées : à celles-ci ils apprennent qu'il existe pour elles des devoirs au delà de la sphère ordinaire de leur vie, qu'elles ont, en des pays lointains, des frères malheureux, et que Dieu leur offre, même en ce monde, par des trésors de toute nature, une rémunération abondante de leurs sacrifices; à celles-là ils révèlent l'impuissance de tout ce qui les entoure, et de quelles régions seulement leur peuvent venir, dans leurs douleurs, des secours et des consolations; à toutes ils enseignent que, quelles que soient les distances qui les séparent; quelle, la diversité des climats, du langage, des mœurs, des souvenirs; il est un bien commun entre elles, la foi; un père commun, le successeur de saint Pierre; un appui commun, la charité.

Pour faire cesser entre les différentes branches de la grande famille catholique des distinctions sans motif et, dans la mesure du possible, des priviléges sans objet et désormais sans prétexte, la Papauté trouve aussi, comme auxiliaires, dans la pensée du clergé, une vue plus nette des limites à établir entre la juridiction du pouvoir spirituel et de la puissance temporelle, un aperçu plus exact du besoin de son indépendance sous une direction immédiate de Rome; elle trouve, dans les esprits catholiques, le regret des dissentiments anciens ; dans la plupart des gouvernements enfin, l'assoupissement des rivalités engendrées par l'esprit national, le respect ou du moins les ménagements indispensables pour les convictions religieuses de leurs sujets.

Obéissant à ces sentiments divers, féconds, depuis un quart de siècle surtout, en leurs effets, les peuples catholiques du nouveau comme de l'ancien Monde, les monarchies comme les républiques, tendent à sortir de leur isolement volontaire ou de leur solitude forcée. Les dépositaires de l'autorité temporelle s'avancent d'une marche rapide, quoique interrompue, pour quelques-uns, par des passions hostiles, vers un accord plus complet de l'ordre politique et de l'ordre moral ; les représentants de l'autorité religieuse, vers une union plus intime des fidèles avec leurs pasteurs et de tous avec le pasteur suprême.

Dans les pays où l'erreur domine, mais où cependant le catholicisme lutte non sans succès, le clergé indigène se recrute aisément ; des paroisses se forment, des diocèses se constituent, et la hiérarchie sacerdotale reparaît à tous ses degrés. Qu'elles aient à combattre l'hostilité systématique du pouvoir ou à redouter simplement les difficultés matérielles de leur administration, ces Églises naissantes, par l'organe et les démarches directes de leurs fondateurs et de leurs chefs, réclament de Rome, centre et principe de toute unité et de toute autorité, leur institution canonique et leur participation au rayonnement des grâces et des lumières confiées à la garde du successeur de saint Pierre. Leurs prières, inspirées par la piété filiale, ne restent pas sans écho dans le cœur du père commun de tous les enfants de Dieu. Les Souverains Pontifes profitent, ici, d'une liberté basée sur des principes politiques; là, de droits reconnus par la royauté elle-même, de traités que la main seule de l'hérésie ne saurait déchirer; ils fondent ou relèvent ces siéges sur lesquels vont s'asseoir les représentants de leur pouvoir, les dispensateurs de leurs faveurs et de leurs bénédictions.

Ainsi voit-on, en Angleterre, des siéges épiscopaux anciens refleurir sous leurs titres rajeunis, et en Amérique, quelques-unes des villes fondées par l'égalité presbytérienne, reconnaître entre elles les diverses juridictions de l'autorité épiscopale.

Ne trouvons-nous pas cet échange de demandes et de secours dans l'histoire de ces missions, assez fécondes pour mériter le titre de vicariats apostoliques et aux besoins desquelles l'Église pourvoit avec une vigilance toute particulière? Noble et magnifique commerce de sacrifices et de grâces, dont nous ne voulons d'autres preuves que ces longues et saintes listes réservées à la préconisation des évêques, et dans lesquelles l'âme chrétienne, étonnée de tant de noms inconnus, voit avec orgueil la science des érudits devancée par le zèle des missionnaires.

Dans ces régions heureuses où le catholicisme, s'il n'est pas la loi des États, reste encore la règle intérieure des âmes chrétiennes; comme dans ces pays où, bien que simplement toléré, il rallie une minorité considérable de la population; une situation que sa nouveauté rend plus précieuse, se revèle à nous, et son importance future se peut calculer d'après les résultats déjà obtenus.

XVII

Nous arrivons ici à ce que l'on est convenu d'appeler le triomphe des idées romaines : dénomination impropre, si l'on prétend désigner ainsi une victoire sur des sentiments hostiles à Rome; expression plus vraie si, dans la plénitude de son sens, elle ne comprend qu'un retour vers les traditions anciennes du Saint-Siége, une reconnaissance plus intime d'une fraternité commune sous une même autorité, le retentissement plus fréquent de ces échos sympathiques aux joies et aux douleurs du chef ou de quelques membres de l'Église; nous trouvons en face de nous l'action progressive de l'école que l'usage, plus que la justice, fait appeler l'École ultramontaine, et ses effets sur la vie disciplinaire et hiérarchique de l'Église.

En Allemagne, ce pays où la dispersion seule des fidèles est un danger en face de l'erreur, les évêques catholiques moins résignés à un isolement envisagé jadis par quelques-uns comme une garantie de leur suprématie locale, provoquent et réalisent chaque année, sur quelque point de cette vaste confédération d'États, la réunion de l'une de ces assemblées générales qui, dans une communauté de dévouement et de zèle religieux, offrent une place à tous, aux laïques comme aux divers membres de la hiérarchie ecclésiastique. Quelques gouvernements ont cherché, il est vrai, à s'opposer à ce mouvement; des villes d'une importance secondaire ont, seules d'abord, ouvert leurs portes aux chefs du catholicisme allemand, aux délégués des pays d'outre-Rhin; mais bientôt, vaincue par la généreuse obstination des catholiques et de leurs évêques, la politique renonçait à une résistance qu'elle reconnaissait dangereuse pour elle-même; et Cologne, la cité des souvenirs catholiques au nord de l'Europe, voyait une de ces majestueuses manifestations de la foi et de l'unité de l'Église romaine.

Ces conférences portent un nom nouveau, comme elles sont par leur but et leur composition un caractère essentiellement moderne. On retrouve dans les comptes rendus de leurs travaux, à côté des récits consolants d'une pieuse propagande, les traces visibles du désir de rendre commune à toutes les églises la vie particulière de chacune d'elles, et planant au-dessus de toutes ces délibérations, la reconnaissance unanime de l'utilité d'un appui mutuel et d'une marche uniforme.

Si la personne du Souverain Pontife n'est pas toujours officiellement représentée dans ces réunions, son souvenir n'est jamais absent; et il devient l'auguste dépositaire et le juge de leurs décisions.

En France, par suite d'une autorisation tacite du pouvoir; en Autriche, en vertu d'un droit noblement reconnu, ont reparu, avec leurs noms presque oubliés, les antiques assemblées du Clergé. Sous les voûtes des basiliques bâties par la foi des siècles passés, se réunissent, à l'appel de leur supérieur immédiat, les évêques d'une même province. Leurs bouches, longtemps silencieuses, proclament de nouveau ces décrets solennels sur la hiérarchie, la discipline ecclésiastiques, le culte divin, les erreurs du temps présent; et leurs voix, qui se perdaient dans leur isolement, retrouvent, en l'organe plus imposant des conciles, leur sainte autorité.

En même temps, les prêtres d'un même diocèse se groupent autour de leur évêque, et les décisions du synode qu'ils constituent règlent, en ce qui les concerne, l'application des décrets du concile provincial.

En revenant ici sous notre plume, cette expression « assemblées du Clergé » réveille en notre pensée des souvenirs qui témoignent de la marche

actuelle des esprits; et le doute sur cette marche ne sera plus possible, si l'on compare aux mobiles, aux désirs, aux discussions et aux résolutions de ces assemblées d'autrefois, les mobiles, les désirs, les discussions et les résolutions des assemblées d'aujourd'hui.

Réformer l'extérieur du culte dans une pensée d'uniformité; abandonner des traditions particulières pour adopter des règles générales; donner à tous et aux mêmes jours les mêmes prières; faire revivre, avec certains titres ecclésiastiques, leurs anciennes prérogatives; rendre plus complète l'expression extérieure de l'union intime de tous les cœurs avec le Saint-Siége; en un mot, contribuer, pour sa part et dans sa mesure, à effacer toutes les distinctions dont l'Église avait à souffrir : ne sont-ce point, nous le demandons, les fins prochaines que semblent le plus visiblement se proposer les représentants de l'autorité religieuse? Et, pour qu'aucun désaccord ne demeure en ce concert des cœurs et des esprits, c'est au pied du Trône pontifical que les évêques de la catholicité se font un devoir de déposer, un honneur de porter eux-mêmes les fruits de ces travaux; c'est du successeur de saint Pierre qu'ils veulent tenir la sanction, nous devrions ajouter, le titre exécutoire de leurs décrets : noble et touchant hommage qui, s'il porte avec lui toute la valeur d'un enseignement, revêt aussi parfois tout le charme d'un admirable spectacle! Quoi de plus consolant, en effet, que ces nombreux pèlerinages, amenant chaque année sur les tombeaux des apôtres les chefs de quelques-uns des diocèses catholiques répandus dans le monde entier? Quoi de plus beau que de voir, aux grandes solennités de l'Église, le vicaire de Jésus-Christ environné de ses vicaires près les nations chrétiennes, et, tandis qu'il offre le saint sacrifice de la Messe, s'incliner au pied du même autel et dans une même adoration tous ces augustes témoins de la foi et de la soumission filiale de tant de peuples divers?

Mais encore qu'il ne nous fût point difficile d'ajouter d'autres actes à ces actes, de découvrir des traces nombreuses de cette union plus intime des membres de l'Église romaine, terminons ce tableau par ce que nous oserions appeler, dans cette question, le signe de l'influence du sentiment catholique sur les gouvernements, du respect de la politique pour ces énergiques désirs, le trait distinctif de l'histoire religieuse de notre époque.

Nous voulons dire, et la pensée du lecteur a sans doute devancé la nôtre, ces négociations de plusieurs États catholiques avec le Saint-Siége, négociations qui, depuis dix ans, ont amené la conclusion successive et si rapprochée de nombreux Concordats. Nous voyons la main vénérée de Pie IX signer de ces traités : en 1851, avec l'Espagne et la république de Costa-Rica; en 1852, avec la république de Guatémala; en 1855, avec l'Autriche; en 1857 et sur la question des Indes, avec le Portugal; en 1859, avec le grand-duché de Bade et le royaume de Wurtemberg : fait unique dans l'histoire de l'Église, et qui, par une permission de la Providence, se présente à l'heure même où la Révolution sape le plus violemment le trône de saint Pierre! Fait qui témoignerait une fois de plus de la volonté de Dieu de se servir du vent de la tempête pour apporter vers ces rivages sacrés, à côté des ennemis, les défenseurs naturels de celle qui tient de lui la promesse de l'immortalité.

XVIII

Ainsi, et pour nous résumer, l'humanité serait entrée, si nous ne nous trompons, depuis un demi-siècle, en l'une de ces époques de transformation générale qui comptent parmi les plus grandes dates de son histoire. Par des voies diverses, plus faciles à mesure qu'elles sont plus nombreuses, et plus nombreuses à mesure qu'elles deviennent plus faciles, elle travaille à l'unité matérielle du globe, et prépare ainsi des rapports nouveaux entre les membres de l'humanité, et un commerce universel des intelligences que rapproche l'aperçu rapide de besoins et d'intérêts communs.

Nous avons vu comment, à l'heure même où la pensée politique des gouvernements était arrivée aux dernières conséquences de son système d'exclusivisme, un instinct, s'emparant des peuples, les entraînait dans une direction tout opposée; comment, après s'être laissé emporter, dans les premiers moments, par le torrent révolutionnaire, la société humaine, moins instruite qu'accablée par le malheur, se recueillit en elle-même au lieu de se recueillir devant Dieu, et s'avança, soit qu'elle voulût réparer ses pertes ou profiter de ce qu'elle nommait ses conquêtes, sous le double aiguillon de ses besoins et d'une voix secrète, vers l'horizon plus vaste qui s'ouvrait devant elle; comment, enfin, la société comprit quel point d'appui et quelle force le sentiment de la solidarité de ses membres prêtait à sa résistance contre les dangers que leur date encore récente lui montrait à l'égal des plus redoutables.

Mais la promptitude, mieux encore, l'aisance avec laquelle le monde a cédé à cet entraînement vers l'unité; son ardeur à saisir, par quelques côtés, les conséquences pratiques des conditions de sa nouvelle existence, ne deviennent-elles pas, ainsi que nous le disions au commencement de ce travail, le présage d'un résultat en harmonie avec les vues de Dieu?

Ces modifications profondes dont nous avons cherché à esquisser le tableau ne nous révèlent-elles pas, à côté du triomphe des intérêts matériels, de la progression du bien-être, de la satisfaction de certaines intelligences, une œuvre plus considérable à laquelle chacun coopère sans l'accomplir en son entier; comme ces chefs-d'œuvre où la pensée d'un seul se traduit par le concours de ceux qui peuvent le moins se l'approprier?

Si donc nous jetons autour de nous un regard attentif, trouverons-nous trop de hardiesse dans cette affirmation : que nous touchons à la préparation prochaine d'un avenir qu'il nous était permis seulement d'entrevoir, et que de la violence des tempêtes sortira la lumière qui l'éclairera?

Les esprits, pour lesquels les intérêts matériels sont une préoccupation plus constante, qui veulent le calme des États, le repos de la vie politique, et croyaient conquérir l'un et l'autre par la multiplicité des avantages offerts à tous, comme autant de liens sociaux; — les intelligences supérieures, pour lesquelles les études philosophiques sont un attrait; la recherche de la vérité, le but avoué de leurs travaux, et qui croyaient trouver cette satisfaction et atteindre ce but par l'examen et la comparaison de toutes les doctrines, par le sacrifice de certains principes à l'admission d'une tolérante hospitalité pour toutes les idées; — les gouvernements, pour qui l'ordre extérieur est un besoin et qui croyaient l'assurer davantage en se montrant moins sévères pour un désordre intérieur et dominer les esprits en combattant moins directement les passions; — tous, malgré le prestige de leurs avantages et l'importance de leurs concessions, ou plutôt, en raison de ce prestige et de cette importance, ont rencontré partout, devant eux et contre eux, la Révolution.

Usant des armes mises imprudemment sous sa main, bien qu'elles ne lui fussent pas destinées, la Révolution a fait du besoin du bien-être, le droit de ne point souffrir; du besoin de la critique, le droit de ne pas croire; du besoin de gouverner par des vues purement humaines, le droit de se gouverner sans tenir compte des principes de la souveraineté; des facilités offertes aux progrès de la civilisation moderne, des auxiliaires pour la propagande de ses idées et le succès de ses convoitises.

De l'excès de ces luttes, auxquelles ne demeurent étrangères ni la vie intérieure des États, ni les guerres des peuples entre eux, est déjà ressorti un terrible enseignement : après avoir espéré longtemps triompher, par ses seules forces, des assauts de la Révolution, la Raison humaine découragée s'est dû l'aveu de sa faiblesse et de son impuissance. Est-ce que de cet antagonisme et de cet aveu ne découlera pas, comme de ses sources naturelles, une reconnaissance plus exacte des éléments de salut pour la société?

Entre la Révolution qui sape toutes les puissances légitimes, et l'Église qui les défend par cela seul qu'elle se défend elle-même; entre la Révolution, avec ses ramifications immenses, ses appuis dans les passions, et l'Église, avec son admirable constitution intérieure, ses auxiliaires dans tous les sentiments droits et généreux; entre la Révolution qui demande à l'arbitraire le triomphe définitif de ses doctrines, et l'Église qui ne réclame pour sa mission que la liberté; l'humanité discernera-t-elle que la reconnaissance de la solidarité de tous les principes conservateurs de l'autorité est désormais la seule arme qu'elle puisse opposer victorieusement aux forces qu'apporte à la démagogie la reconnaissance de la solidarité de tous les éléments de dissolution sociale? Des événements récents et les émotions profondes qui leur répondent ne nous permettent-ils pas de l'espérer?

Solennellement affirmés par quelques-uns, sincèrement acceptés par un plus grand nombre, les rapports qui unissent le droit à la vérité, le respect du pouvoir au respect de Dieu, la législation humaine à la loi divine, les nécessités de l'ordre social à l'enseignement catholique, se dévoileront désormais chaque jour davantage. Sur ces questions, la lumière se fera plus complète à mesure que les combats seront plus ardents et leur retentissement plus général. La communauté du péril, mais aussi les ressources communes pour la défense, seront mieux reconnues, alors que toutes les voies ouvertes par l'homme à l'action de sa liberté serviront comme de canaux plus rapides à la manifestation de l'action de Dieu sur le monde.

PARIS. — IMP. SIMON RAÇON ET COMP., RUE D'ERFURTH, 1.

www.ingramcontent.com/pod-product-compliance
Ingram Content Group UK Ltd.
Pitfield, Milton Keynes, MK11 3LW, UK
UKHW021233230726
13926UKWH00003B/1421

9 782016 195703